Reiki & Kraftplatzarbeit

Seminarunterlagen zum Weiterbildungsseminar

von Reiki-Praktizierenden ab dem 1.Grad

von Carsten Kiehne

Bibliografische Information der Deutschen Nationalbibliothek: Die Deutsche Nationalbibliothek verzeichnet diese Publikation in der Deutschen Nationalbibliografie; detaillierte bibliografische Daten sind über dnb.d-nb.de abrufbar.

Impressum

Texte:	© Copyright by Carsten Kiehne
Fotos:	© Copyright by ebd., Thomas Peters & Jelka Lüdtke

Veröffentlichung:	Februar 2018, 2. Aufl.
ISBN	978-3-746007601

Herstellung & Verlag: BoD – Books on Demand,Norderstedt

Verlag:	Selbstverlag REIKI-IM-HARZ & SAGENHAFTER HARZ
	Grünstr. 20, 06485 Bad Suderode
	www.sagenhafter-harz.com & www.reiki-im-harz.de
	carsten.kiehne@gmx.net

Inhaltsverzeichnis

Einleitung

In diesem Grundlagenseminar der Kraftplatzarbeit bzw. den Seminar-unterlagen soll es uns nicht darum gehen einen heiligen Platz nach geomantischen Gesichtspunkten zu untersuchen oder die Prinzipien des Feng Shui anzuwenden. Wir werden auch nicht über Leylines, Wasseradern, das Hartmann-Gitter oder das Curry-Netz, noch über Mediallinien sprechen.

Vielmehr möchte ich untersuchen und praktisch erarbeiten, wie wir als Reiki-Praktizierende die Qualität eines Kraftortes anheben, bzw. einen Ort zum Kraftplatz verwandeln und damit auf unsere eigene Energie Einfluss nehmen können. Es soll also um das gegenseitige Beschenken und sich beschenkt fühlen gehen. Das innere Gefühl der Dankbarkeit geht dann mit einer Haltung der Demut und Wertschätzung einher, die dem jeweiligen Ort auf energetischer Ebene mitteilt: „Du bist wertvoll!", die der betreffenden Zeit erklärt: „Eben dieser Moment ist heilig!", die uns somit die Sinnhaftigkeit unserer Reiki-Rituale vor Augen führt und wir verstehen lernen: Wir sind nicht irgendjemand, wir sind nicht ohne Grund zu dieser Zeit an diesem Ort, wir sind wichtig. Ein jeder von uns ist von Gott (der höchsten Essenz dieses Lebens, Du kannst es/ihn/sie gerne anders nennen, wenn Du magst) wunderschön in dieses Leben hineingezeichnet. Doch welche Farben, welche Konturen und Aufgaben wir unserer Gestalt geben, dass bleibt uns überlassen.

Ich meine: Wenn wir die Kraft haben etwas zu verändern, sollten wir unsere Verantwortung auch übernehmen. Darum soll es in diesem Werk der „Kraftplatzarbeit" gehen, für uns, für den Ort und alle Wesen, die darin wandeln.

„Om lokah samastah sukhino bavantu!"

„Mögen alle Wesen in allen Welten glücklich und in Frieden sein!"

Ich bitte um Verständnis darum, dass dies lediglich eine Workshopmappe ist, was meint, dass einige Meditationen, Reiki-Techniken und kreative Ideen hier nur als Stichpunkte angeführt und nicht vertieft sind, denn das würde den Rahmen dieser Arbeit bei Weitem sprengen. Ich verstehe sie als normale Grundlage eines „Reiki I – Shoden" Seminars, das ja die Grundlage dieser Reiki-Weiterbildung darstellt. Im praktischen Teil des Workshops werden wir freilich viele dieser Übungen wiederholen und direkt auf den Kraftplätzen anwenden.

Der letzte Teil des Werkes, der sich auf die tatsächliche Kraftplatzarbeit auf den Kultplätzen unserer Vorfahren konzentriert ist exemplarisch an einigen Orten im Ostharz (dem Gegenstein als Teil der Teufelsmauer; der Rosstrappe als Teil einer der größten Kultanlagen Europas und der Klus bei Halberstadt) als Erfahrungsbericht dargestellt. Jene Übungen, die ich an den Plätzen durchführte, werden in diesem Skript in den vorangegangenen Kapiteln erläutert.

Nun aber viel Spaß und anregende Gedanken, dank dieses Skriptes.

Gassho! Herzlichst Carsten Kiehne

Begriffsdefinitionen

Wenn wir über Kraftplatzarbeit sprechen, dann ist es freilich spannend, was unter diesem Begriff überhaupt zu verstehen ist. Was verstehe ich unter einem **Kraftplatz**? Für mich ein Ort, der mich in meine eigene Kraft bringt, der mich den Alltag vergessen lässt, der das Gefühl eines heiligen Momentes in mir entstehen lässt. Das muss nicht immer eine uralte, vorchristliche Kultstätte unserer Vorfahren sein. Manchmal genügt ein reifes Weizenfeld, ein plätschernder Gebirgsbach, die Wellen der Ostsee, eine blanke Felsenkuppe im dichten Wald oder eine uralte, knorrige Eiche. Manchmal ist es ein Geruch, der Blick und das Lächeln eines geliebten Menschen, der mich in meine Kraft bringt, mich die Schönheit des Moments auskosten lässt und das Höchste in mir weckt. - Für mich sind Kraftplätze meist stille Plätze in der unberührten Natur oder in alten Gemäuer, die mein Herz zum Schwingen bringen - in den seltensten Fällen Menschenüberflutete Stätten oder große Städte.

Ein Kraftplatz ist mitunter aber auch ein Ort, an dem wir unsere Kraft beweisen müssen, von dem wir vor Herausforderungen gestellt werden, die uns im ersten Moment vielleicht auch überfordern. Das ist der Moment, in dem ein jeweiliger Ort uns lehrt, die Kraft in uns zu entdecken, zum Wachsen und zur Reife zu bringen. Ein Kraftort lässt uns demnach nicht nur schöne Emotionen erleben, sondern bringt uns unserem Selbst näher, in allen Facetten des Seins. Wenn wir es uns dann zutrauen, uns ganz zu erleben, in unserer Traurigkeit vielleicht, oder unserer Wut, dann heilt unser Herz und mit ihm, jener Ort, an dem wir stehen, atmen und lieben.

Mit dieser Arbeit möchte ich also u.a. verdeutlichen, dass es durchaus möglich ist, einen Kraftplatz selbst zu initiieren, indem wir unser eigenes Herz zu einem Ort der Kraft werden lassen!

Wikipedia arbeitet mit folgender Definition: „Als **Ort der Kraft** (Kraftort, Kraftplatz, magischer Ort) wird ein Ort bezeichnet, dem eine meist positive (selten auch negative) psychische Wirkung im Sinne einer Beruhigung, Stärkung oder Bewusstseinserweiterung zugeschrieben wird. Als Kraftorte werden überwiegend geographische Orte bezeichnet, die nach esoterischen Vorstellungen eine besondere Erdstrahlung haben. Je nach esoterischer Ausrichtung werden geomantische, magische, mythische oder Feng Shui "Energien" angenommen. In manchen Formen der Psychotherapie werden Imaginationen von Orten der Kraft in Entspannungsübungen zur Vertiefung von Entspannung genutzt. Manchmal wird der Begriff auch für Plätze gebraucht, die subjektiv als beruhigend, erholsam oder erbauend erlebt werden. Die behaupteten Energien an bestimmten geographischen Orten sind naturwissenschaftlich nicht nachweisbar." (wikipedia, Stand: August 2014)

Für mich ist ein Kraftplatz zumeist ein Ort in der Natur, der auf ganz unterschiedlichen Ebenen in uns wirkt: Beruhigend, kraftspendend, bewusstseinserweiternd!

Wir werden durch diesen sagenhaften Ort zum Verweilen, Entspannen und Nachsinnen eingeladen, fühlen uns erfrischt und belebt.

Manches Mal aber steigen auch Emotionen in uns auf, die wir im Alltag wenig schätzen: Angst, Traurigkeit und Wut zum Beispiel, gepaart mit Erinnerungen, die wir längst vergessen glaubten. Das ist gut und richtig so!

Lasst uns darauf vertrauen, dass die Kraft des Ortes uns hilft alte Wunden auszuheilen. Wenn du schreien möchtest, schreie; wenn Tränen fließen wollen, lass' sie laufen; bricht ein Lachanfall aus dir hervor, dann lass' die Welt durch deine Freude erbeben. Alles ist erlaubt, denn der Kraftort hilft dir, tief zu atmen, dich verbunden zu fühlen und am Ende dem Schönsten nahe zu kommen: Dir selbst!

(Foto: **Opferstein am Olberg bei Bad Suderode/Ostharz**)

Was ist für Dich ein Kraftplatz?

_____

_____

_____

_____

_____

_____

Soviel zum Kraftplatz, aber was ist **"Arbeit"** - ein furchbares Wort, meinst Du? Zumindest weckt es oft ungute Assoziationen in uns, wie Unlust oder Mattigkeit! Was geschieht bei und in Dir, wenn Du es hörst. Fühle bitte vor dem Weiterlesen einen Moment nach und schreibe alle Assoziationen auf, die Dir in den Sinn kommen, ohne sie zu bewerten:

_____

_____

_____

_____

_____

Ist Arbeit aber gleich Arbeit? Ich glaube nicht. Vielmehr habe ich die Erfahrung gesammelt, dass sich mancher Arbeitstag, wie Urlaub anfühlen kann, wohingegen ein Urlaubstag mit meinen drei kleinen, manchmal unausgelasteten Kindern auch harte Arbeit ist. Was alsomacht den Unterschied? Ich meine: Die innere Einstellung!

Diese zu verändern und "lieb gewordene" aber letztlich blockierende Eigenheiten loszulassen, bedeutet manchmal wirklich harte Arbeit an mir selbst. **"Gyo o hageme" - Gerade heute arbeite ich hart an mir & meinem Karma"** heißt es auch in unserer vierten Reiki-Lebensregel!

Und Reiki lehrte mich so oft, dass Reiki am Besten fließt, wenn ich mich ganz dieser wunderbaren, göttlichen Kraft hingebe, wenn ich ein reiner Kanal bin, wenn ich mich also in den Dienst von Reiki stelle.

Im christlichen Kontext nennen wir das Gottesdienst, meinen aber oft nur die anderthalb Stunden am Sonntagvormittag! In christlichen Klöstern galt hingegen einst: „Bete und arbeite!" (lat. „Ora et labora"), in buddhistischen Gemeinschaften hieß es „Samu" und meint ein meditatives Arbeiten. Menschen, die sich einem spirituellen Leben verpflichten, meinen also Gott oder Reiki immer, an jedem Tag und in jedem Moment dienen zu können!

Mmh, womit diene ich Gott, womit dienst Du Gott, frage ich mich jetzt? Vielleicht hast du Lust Dir darüber Gedanken zu machen?!

_____

_____

_____

_____

_____

_____

_____

_____

_____

Diene ich dem Leben denn am Besten, wenn ich mich in den Dienst der Liebe stelle? Das wäre wohl am ehesten ein gottgefälliges Leben und kommt der Praxis des Reiki sehr nah! Gut, kommen wir zurück zum Thema Kraftplatzarbeit. Ein Kraftplatz dient den Wesen, damit sie der Erde dienen. Und wir als Reiki-Kanal, wir sind meines Erachtens durchaus im Stande, die Energie eines heiligen Ortes in uns aufzunehmen, sie mit Reiki zu potenzieren, um dann in die Welt hinauszugehen und „gut zu allen Wesen zu sein" („hito-ni shinsetsu-ni" - die 5. Lebensregel). Und mehr noch, mit Reiki vermögen wir es, einen solchen Kraftplatz energetisch zu reinigen und ihn mit neuer Energie zu wecken, zu beleben. Das ist das gegenseitige Geschenk, dass wir uns machen können - und oft ist diese Arbeit so nährend und ausfüllend, dass sich unser Tun im Alltag dann wahrlich wie Urlaub anfühlt!

1. Kraftplatz Herz

„Kraftplatz Herz" heißt dieses Kapitel, nicht kraftvoller Geist, obschon unsere Gedanken pure gebündelte Energien sind, die leider weit öfter Herr über uns sind, als wir über sie.

Warum aber weise ich speziell darauf hin? Weil es hier nichts zu verstehen gibt! Es gilt nur ins Herz hineinzuspüren und dessen Kraft in uns zu wecken. Zudem ist die Kraft eines heiligen Ortes über uns meist nur über das Herz zu erreichen. Wir können zwar verstehen, dass der an dem wir uns befinden auf einer Leylinie liegt, dass er den Menschen seit mehreren tausend Jahren heilig war, dass er nach geomantischen Gesichtspunkten kraftvoll sein müsste … aber dessen Qualität wirklich zu erspüren, das ist den offenen Herzen vorbehalten. Es gilt also das Verstehen-wollen abzulegen, was ich manchmal recht schwierig empfinde – und ins demütige Spüren-wollen hineinzukommen.

In diesem Kapitel wird es uns also darum gehen eine Herzensarbeit zu initiieren und in unser Gefühlserleben einzutauchen.

Zum Beginn jeder spirituellen Arbeit, sollte eine bewusste Abkehr vom Alltag (sofern wir nicht erleuchtet sind und damit der ganze Alltag zum spirituellen Erleben wird) erfolgen, die mit einer Reinigung von Körper und Geist zelebriert werden kann. Vielleicht möchte ich für meinen Dialog mit meinem höheren Selbst, mit meinem Zwiegespräch mit Gott, auch ein anderes Gewand anlegen, den Raum mit frischem Grün bestücken, meine Sinne sensibilisieren?!

1.1. Reiki-Techniken

Es gibt wohl so viele verschiedene Rituale, wie es Menschen gibt und das ist gut so, hat doch somit jedermann die Möglichkeit, jene Technik zu praktizieren, von der man am meisten berührt ist. Das Herz zu einem Kraftplatz werden zu lassen, klappt natürlich hervorragend durch die althergebrachten Reiki-Rituale:

1. (Beispiel einer) Reinigung

- **Luft:** Bewusstes Atmen/Lichtatmung Joshin Kokyuu Ho/Räucherstäbchen
- **Erde/Erdung:** Beispiel 1: Durch die Vorstellung, dass Wurzeln durch die Füße wachsen, tief hinein in die Erde, bis sie mich im Herzen der Erde verwurzeln; Bsp. 2: Ein Kraftverstärkungssymbol durch den Körper zur Erde fließen lassen
- **Wasser:** Spirituelle Waschung (Weih- bzw. Osterwasser)
- **Feuer:** Kerze (Inneres Bild: Das Licht im Herzen entzünden!) oder Feuer (ritueller Feuersprung über eine Feuerschale)

2. Das Herzens-Gebet (Vertiefung im Skript der Reiki-Lebensregeln)

- **Äther:** die Anbindung an den Reiki-Geist: *„Bitte Reiki fließe in mir!"*

3. Reiki-Behandlung

- Aurabehandlung durch Auf- & Abstreichen der Aura, bzw. durch die Vorstellung sich mit Reiki zu waschen, sich „einzuseifen", trage danach deinen Lichtmantel
- Eigenbehandlung, Fremdbehandlung, Mentalbehandlung
- *Variation:* Reiki schenken mit dem Gedanken daran, dass ich einatmend Liebe trinke & ausatmend Liebe schenke, so als würde ich gerade den mir liebsten Menschen auf Erden behandeln!

4. Meditation, wie z.B. „LICHT INS EIGENE POTENTIAL ATMEN"

Vielleicht hast Du Lust mit einer wunderbaren kleinen Meditation zu experimentieren, die natürlich noch wirkungsvoller ist, wenn Du sie auf einem Kraftplatz anwendest:

1. Zuerst kommt die reinigende Katharsis – mach Dich locker, hüpfe z.b. auf der Stelle, lass Dich einmal ganz durchschütteln und klopfe dann Deine Muskeln aus. Jetzt renne einmal kreuz und quer durch den Raum, an Ort und Stelle und bleibe dann abrupt stehen. Atme wild und hörbar aus und werde wieder fünf Minuten lang verrückt. Zeit, Dich ganz und gar auszutoben … und, wenn der Moment kommt, da Du den Wunsch nach Stille in Dir spürst, setze Dich dort nieder, wo es sich gut anfühlt.

2. Fahre mit Oshos Übung „Gibberisch" (siehe „Orangenes Buch") fort, wenn Du magst, indem du einfach jeden Gedanken lautstark Ausdruck verleihst, der Dir in den Sinn kommt. Spreche aber nicht in einer Dir bekannten Sprache, sondern lass die Konsonanten und Vokalen freien, emotionalen Lauf. Experimentiere: Hau' alles raus, was in Dir ist, ohne, dass ein einziges sinnvolles Wort dabei herauskommt. Du wirst schon nach wenigen Minuten merken, wie leer und still du wirst.

3. Dann endlich gilt es tiefer zu atmen, vielleicht fühlt es sich richtig an, bei jeder Ausatmung das „a" zu tönen? Nur einige Minuten lang, auf dass Dein Geist ganz frei wird.

4. Zuletzt stell Dir vor, wie Du zwischen Deinen Händen eine Kugel aus Licht hältst. Dann sieh Dich darin selbst, wie Du in der Kugel stehst, lachst, liebst und wie Du Dein Potential lebst. Du willst gesund sein? Dann stell' dir doch vor, wie du leicht über eine Blumenwiese läufst oder kraftvoll einen Berg ersteigst. Du willst bedingungslos lieben? Dann sieh dich in der Kugel aus Licht, wie du achtsam und voller Hingabe deine Freunde umarmst, deine Eltern, deine Nachbarn ... und deine Feinde! ☺

Überlege also, was Du Dir wünschst, welchen Teil Deines Du ab diesem Moment in Dir wecken und leben willst! Sieh eben dieses Bild des erfüllten, gelebten Potentials vor Deinem inneren Auge in der Kugel aus Licht. Mit jeder Ausatmung fließt Deine Aufmerksamkeit, Deine Energie ... und Reiki in dieses kraftvolle Bild der schönsten Version Deines Selbst. Experimentiere mit dieser Meditation täglich mind. 12 Minuten an 21 aufeinanderfolgenden Tagen. Was meinst Du wohl, wie sich das in Dir auswirken wird?

5. Märchen als Initiationsritual – mit dem Herzen hören

- Welche Sage bzw. welches Märchen berührte mich aus meiner Vergangenheit/Kindheit am Meisten?

- Die „Reiki-Legende" Usui Sensei's ist z.B. eines der „Hohen Märchen", die unser Herz und unseren Geist auf unterschiedlichsten Ebenen erleuchten können!

- Wenn Du bisher keine Affinität zu Geschichten hast, kannst Du dem ganz einfach nahekommen. Nimm Dir ein Märchentarot. Verbinde Dich mit dem Hier und Jetzt. Was bewegt Dich? Auf welche Frage möchtest Du eine Antwort? Dann ziehe Märchen, lies es Dir durch oder besser, lass es Dir vorlesen und lausche den Worten mit deinem Herzen. Was geschieht in Dir. Was hat die Sage bzw. das Märchen mit Dir und Deinem spirituellen Weg zu tun?

Du fragst, weshalb ich beim Thema „Kraftplatzarbeit" den Sagen und Märchen eine besondere Gewichtung gebe? Nun ja, **Märchen** sind oft Initiationsrituale, die uns unbewusst heilend einen Weg aufzeigen. Ohne, dass wir sie kognitiv begreifen und interpretieren müssen, schaffen sie in uns – wenn wir ihnen richtig zu lauschen verstehen – innere Bilder, die unserem Selbst wachsen helfen.

Sagen hingegen spielen meist an vorchristlichen Kult- & Kraftplätzen. Die Geschichtlein erscheinen oft in verballhorntem oder verteufeltem Gewand. Wenn wir ihnen aber auf den Grund gehen, sie gar aus verschiedener Perspektive betrachten und auch den Ort genauer betrachten, an dem sie spielen, entdecken wir in Ihnen oft eine tiefschöne Sinnhaftigkeit. Die Sage selbst erzählt dann davon, wie wir diesem speziellen Kraftort begegnen können und wie er sich auf uns auswirkt! (Vertiefung in Kapitel 3)

„Mensch wundere dich!"
Reiki und die Heilkraft der Märchen

Was sind Märchen? Woraus beziehen sie ihre Wirkung? Maria-Kathleen Zorn und Carsten Kiehne schreiben über die innere Kraft der Märchen als Sprachrohr der Seele – und die zahlreichen Verbindungen zu Reiki.

Es war einmal ... so beginnen die Märchen oft ... da saß ein Mann namens Mikao Usui 21 Tage fastend unter einem Baum, auf einem Berg, und empfing eine uralte Weisheit, die wir nach ihm „Reiki" nennen. Die Geschichte ist wie ein klassisches Märchen aufgebaut. Sie begegnet jedem Reiki-Schüler und hilft ihm dabei, etwas Unfassbares zu begreifen: das Wunder der Einweihung, das Geheimnis der Erleuchtung.

Die Wahrheit finden

Usui Sensei ist auf den Berg Kurama gegangen, um entweder die endgültige Wahrheit zu finden oder dort oben sein Leben zu geben. Solch' Mut und Entschlossenheit sind oftmals nötig, um über die Schwelle des (inneren) Todes zu gelangen und wirklich loszulassen. Ihm ist es gelungen – und dafür wurde er gesegnet.'

Märchen zeigen diese herausfordernden Prozesse ebenso auf, die wir durchleben, um zu reifen, um zu unserer inneren Meisterschaft zu finden. Sowohl Usui Senseis Geschichte als auch die Märchen beinhalten eine vollständige Anleitung zum Reifen. Es sind Wege der Kommunikation mit unserem Höheren Selbst und damit zur Wieder-Erinnerung an unsere Ganzheit.

Diese Ganzheit ist im Märchen symbolisiert in der Feier der HochZeit. Die männlichen und weiblichen Anteile erkennen sich, schwingen in Harmonie und arbeiten gleichberechtigt zusammen, wie Yin & Yang. Dabei weist jedes Volksmärchen sieben Stufen zur Ganzheit auf.' '

Die Sieben Stufen

Die im Folgenden genannten sieben Stufen des Märchenaufbaus bilden die Themen, die es zu entwickeln gilt, die anfänglich oft im Mangel liegen. Auch Usuis Geschichte weist diese Stufen auf. Sie sind 1. Urvertrauen (die Ausgangssituation: Usui als Suchender), 2. Bewegung (was uns fehlt, bringt uns in Bewegung: Usui sehnt

Maria-Kathleen Zorn, Märchentherapeutin, geprüfte Märchenerzählerin, Reiki-Meisterin, Sozialpädagogin B.A., wirkend im Haus Morgenstern in Krefeld. Info: www.goldmania.de

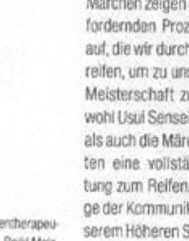

ES WAR EINMAL

sich nach Heilung), 3. Wille & Macht, der Helfer (Usui folgt dem Rat eines Alten und geht auf den Berg), 4. die Ausrichtung des Willens auf die bedingungslose Liebe (Usui heilt seine Wunde, die Zahnschmerzen einer Frau und den Alten), 5. die eigene Wahrheit verkünden, sich mit seinem Willen für das Leben einzusetzen (Usui lehrt Reiki und heilt etliche Kranke), 6. Einsicht (einige Kranke kommen wieder, also müssen Körper, Geist und Seele heilen), und 7. Einheit, die HochZeit (Usui unterrichtet seine vollständige Lehre, und Reiki geht um die Welt).

Selbstheilungskräfte

Reiki aktiviert die Selbstheilungskräfte. Märchen wirken in dieselbe Richtung. Beide erinnern die Zellen und die Seele an das Bild von Ganzheit und vollkommener Gesundheit. Die Märchen wirken, indem sie innere Bilder erzeugen, die unsere Gefühle anregen.

Szenen und Figuren im Märchen sind aneinandergereihte, symbolisierte Gefühls- und Bewusstseinszustände. Indem wir uns von der Erzählung berühren lassen, bekommen wir Zugang zum Märchenbild, zum eigenen Gefühl. Wir folgen der Erzählung, knüpfen an persönliche Erlebnisse an und erfahren einen Heilungsprozess. Anschließend können wir in Meditation, die auch ein Teil der Märchentherapie ist, unsere eigenen Geschichten heilen und zu einem guten Ende träumen – denn wir haben jetzt einen Lösungsweg im Erzählen miterlebt, der unsere Sicht auf Zusammenhänge richtet und oft auch Humor schenkt. Wenn wir Reiki praktizieren, erkennen wir unsere Gefühle klarer, erfahren schneller welches Bedürfnis gerade gesehen werden will und nach Heilung ruft.

Licht der Welt

Märchen sind gelöste Herausforderungen auf dem Lebensweg der Menschheit. Sie sind in Form der Träume verfasst. In ihnen steht klar geschrieben, wie wir aus dem Mangel („Der arme Holzsammler"), der tiefen, nie enden wollenden Traurigkeit („Die Prinzessin, die vom Unglück verfolgt wurde") wieder herauskommen ins Licht der Welt. Märchen und Reiki schöpfen dabei aus derselben Quelle. Denn letztlich dreht es sich in (fast) allen Märchen um die Erweckung der Liebe – und was ist Reiki anderes als bedingungslose Liebe? Sie haben beide dasselbe Ziel: Uns auf den Weg zur Quelle der Liebe zurückzuführen und uns wieder mit ihr zu verbinden.

Erwachen

Es gibt ein schönes Sprichwort: „Kindern erzählt man Märchen, damit sie einschlafen – Erwachsenen erzählt man sie aber, damit sie erwachen!" Hier treffen sich Reiki und Märchen. Reiki ist nicht einfach nur eine Technik, die uns helfen soll, körperliche Gesundheit zu er-

reichen. Reiki hilft uns dabei zu erwachen, achtsam den begrenzten und oft trennenden Pfad unseres Egos zu verlassen und unser eigentliches Potential zu erkennen. Märchen sind dabei, wie Reiki, ein befreiendes Instrument!

Als Sprachrohr der Seele beschreiben die Märchen alte Heilungs- und Wandlungsrituale, die unser Herz öffnen, ohne dass sich unser Ego daran stört. Ungern angeschaute „Schattenseiten" können durch die Märchen viel besser zu Tage treten und mit Reiki dann liebevoll gewürdigt und integriert werden. So erleichtert die Verbindung beider Wege den Heilungsprozess beträchtlich. ■

„Märchen, Meditation und Wandern"
Vom 17.-23. August 2015
Eine Woche auf dem „Harzer-Hexenstieg" wandern, auf den Kraftorten der Vorfahren meditieren, den Märchen und Sagen mit dem Herzen lauschen, ihre Symbole und Bedeutungen für das eigene Leben verstehen lernen.
Info & Anmeldung: www.goldmarie.de oder www.reiki-im-harz.de

Carsten Kiehne, Reiki-Lehrer, Meditationslehrer & Dipl.Sozialpädagoge. Autor des Buches „Mythen, Sagen und Märchen um und über Thale".
Info: www.reiki-im-harz.de

Anmerkungen:

* Für Märchenkenner: Die Erleuchtung ist z.B. in den letzten Szenen von „Sterntaler" oder „Die goldenen Fäden der Schicksalsfrau" treffend dargestellt und nachfühlbar symbolisiert.
** Nach der MärchenChakraTherapie nach Gudrun Böselühr.

Fragen zur Reflexion & Selbsterkenntnis:

- Welche inneren Bilder sind meine größten Kraftfresser (Sorgen, Ängste, Ärger), welche Bekanntschaften kosten mich Kraft?

_____

_____

_____

_____

_____

- Welche Gedanken, Erinnerungen oder inneren Bilder wecken in mir positive Assoziationen?

_____

_____

_____

_____

_____

- Welches ist mein berührendstes Bild von Dankbarkeit, Freude oder Liebe?

Eine dieser Erinnerungen, mit allen Sinnen für einige Momente genossen, hilft mir eben jene Emotion vermehrt in meinen Alltag einzualden, meine Stimmung im positiven Sinn zu beeinflussen. Dies entspricht einer ganz individuelle Metta-Meditation, die ich mit dem NLP-Anker zusätzlich festigen kann.

_____

_____

_____

_____

_____

- Welche Dinge vermögen es, mich tief im Herzen zu berühren: Musik, Gerüche, Geschmäcker, Berührungen, Worte & Gebete?

Mit diesen Dingen, kann ich mein Herz – unabhängig von Reiki – täglich fluten > das gleicht einer mentalen Wellnessanwendung, die ich mir täglich für mindestens 15 Minuten gönne, weil ich sie verdient habe!

_____

_____

_____

_____

_____

1.3. Weitere Meditationen (aus den Skripten Reiki I & II):

- **Rezitieren der Reiki-Lebensregeln**

  Usui Sensei gab die Empfehlung, morgens und abends zu sitzen und die Regeln zwölf Minuten lang laut zu sprechen: Reiki einatmen & mit der Ausatmung den ersten Teil der Lebensregeln chanten: „Kyo dake wa, ikaru na, shinpai suna"; Reiki einatmen & mit der Ausatmung den zweiten Teil fließen lassen: „Kansha shite, gyo o hageme, hito ni shinsetsuni"

- Reise zum Höheren Selbst, *Variation*: Bitte mit ganzem Herzen darum, mit der Essenz von Reiki verbunden zu sein! (siehe Skript Reiki II)

- Gassho, Kenyoku Ho, Joshin Kokyuu Ho, Hasurei Ho (siehe Skript Reiki I)

- **„A"-tönen:**

  Atme ein und töne ausatmend das „aaaa". Experimentiere solange, bis sich der Ton stimmig anfühlt und halte es einige Minuten lang durch. Du wirst die Wirkung der Übung spüren. Dein Geist wird sich beruhigen und Dein Herz weitet sich. Wenn du dann still sein möchtest, lasse das „A" ausfließen und besinne Dich auf den **Reiki-Atem:** Atme in Gedanken für einige Minuten *„Rei"* ein und *„Ki"* aus und erspüre die Wirkung. Im dritten Abschnitt, fällt alles von Dir ab! Was bleibt ist das Gefühl, dass nicht mehr Du es bist, der atmet. Du wirst geatmet!

- **Metta-Meditation** (Mitfreude, Glück, liebende Güte)

  Wie auf der vorherigen Seite beschrieben: Erinnere dich an eine Gegebenheit, die dir z.B. große Freude bereitete, wecke dieses Bild wieder ganz in dir, erlebe es mit allen Sinnen, lass' die Freude in jede Pore deines Seins einziehen!

- **Tonglen bzw. Attishas Herzmeditation**

  Eine der wundervollsten Meditationen die ich kenne. Tanke Dein Herz mit Reiki auf, indem Du um Reiki bittest und anschließend Dir die Hände auf's Herz legst. Wenn Dein Herz ganz weit und voll wird, lass es zu, dass sich das Licht um dich herum mit jeder Ausatmung vergrößert. Wenn Du bereit bist, kommt es zur eigentlichen Übung. Höre gut zu: Atme all das Leid in Dein Herz ein, dass du um dich herum wahrnimmst, atme es tief in dein Herz. Hab' keine Angst, atmest du weiterhin Reiki, wird es sich im selben Moment transformieren. Atme alles Leiden ein, es wandelt sich in Freude und diese Freude atme wieder in die Welt. (vgl. Osho)

- QiGong – die 5-Elementeübung bzw. das **TCMY** (Ten – Chi – Mae – Yoko)

Nach Don Alexander: Stell' dich fest auf die Erde, bitte um Reiki und strecke die Hände gen Himmel (Ten) – nach einigen Atemzügen verbeuge Dich tief (Gassho) – dann führe die Hände gen Boden (Chi) und verbeuge dich wieder nach ca. drei Minuten – halte anschließend deine Hände vor dem Körper (Mae) – Gassho – und führe sie zuletzt wieder zum Himmel und lasse sie in Zeitlupe seitlich hinuntergleiten (Yoko) – Gassho.

Eine zutiefst segnende und Verbundenheit schaffende Übung!

2. Kraftplatz Heim

Fragen zur Selbsterkenntnis:

- Welcher Raum, welcher Platz in meinem Garten bedarf der energetischen oder materiellen Reinigung? (Was hat davon die höchste Priorität?)

_____

_____

_____

_____

_____

_____

- Welche Tätigkeit kostet mir wo im Haus besonders viel Kraft?

_____

_____

_____

_____

_____

_____

- Kann ich diese Handlung in eine rituell sinnhafte Geste verwandeln? Was soll ich lernen, welche emotionale Erkenntnis steckt für mich in dem Tun?

_____

_____

_____

_____

_____

_____

- Wo in meiner Wohnung/im Garten wäre ein geeigneter, womöglich idealer Platz für einen Ort der Stille, der Muße, der Erholung und Regeneration?

_____

_____

_____

_____

_____

_____

- Welche Gegenstände sind mir Sinnbild für Kraft, Ruhe und Freude?

_____

_____

_____

_____

_____

- Was gehört für mich auf einen Hausaltar? (Kerze, Klangschale, Räucherstäbchen, Heilsteine, ein Bild oder Foto, Pflanzen, Sitzkissen, Decke, Musikalische Begleitung der Stille-Phasen)

_____

_____

_____

_____

_____

_____

_____

2.1. Einfache erste Übungen:

- Wo in Deinem Heim fühlst Du Dich unwohl?

- Wie kannst Du diesen Ort **äußerlich reinigen**? Geht es um's Entmüllen, Saubermachen, Tapezieren und/oder braucht der Raum eine neue Farbe?

- **Meditiere oder träume** Dich in die Frage hinein, was dieser Raum (oder Platz im Garten braucht) um für ihn und für Dich ein Ort der Kraft zu werden!

- **Bitte wohlwollende Helfer und die Reiki-Energie**, den Ort energetisch zu klären, zu reinigen und ihn mit Kraft zu nähren! (Auch eine **Reiki-Dusche**, könnte hier Anwendung finden! Vgl. Skript Reiki II)

- Willst du den Raum **ausräuchern, mit** Oster- bzw. **Weihwasser**[1] **segnen**, Deinen Garten mit **heiliger Erde**[2] **schützen**?

- Auch das **Chanten der Lebensregeln**, ein anderes Mantra, ein heiliger Gesang, könnte den energetischen Ausdruck des Raumes erhöhen.

- In jedem Fall bewirkt es viel, wenn Du dem Raum Reiki gibst. Am besten 21 Tage lang - dieser Zeitraum entspricht altheiligen Einweihungsritualen!

WICHTIG: Achte bei allem, was Du im Außen tust ganz bewusst auf innere Prozesse. Welche inneren Bilder/Gefühle/Gedanken steigen in Dir auf. Arbeite achtsamer als sonst und lasse Dein Tun zum Gottesdienst, also auch zu einer „inneren Reinigung" für dein spirituelles Herz werden!!!

---

[1] Wasser, dass am Ostermorgen vorm Sonnenaufgang schweigend und bewusst aus einer Quelle geschöpft wird, gilt bis zum heutigen Tage als Segenbringend. Du kannst auch „Leitungswasser mit Reiki aufladen und seine Heilwirkung verstärken.

[2] Jene Asche galt als heilig, die man aus dem Verbrennen des Weihnachtsbaumes im Osterfeuer erhielt. Die Energien des alten Jahres würden sich verwandelen und neue Kräfte freisetzen. Die Oster-Asche könne an den Flurgrenzen des eigenen Grundstücks verstreut werden und müsste so das Glück der Familie mehren.

2.2. Vertiefende, kreative Übungen:

- Wo in Deinem Heim fühlst Du Dich wohl?
- Wie kannst Du diesen Kraftort noch vervollkommnen? (z.B. durch eine andere Beleuchtung, einen elektrischen Hausbrunnen, Zimmerpflanzen, eine Amethyst-Druse, kraftvolle Bilder mit Natur-Szenerien oder durch **kraftvolle, schöne & symbolträchtige Gegenstände**, die Du zusätzlich mit Reiki aufladen kannst, wie Heilsteine)

- Nein, dafür musst Du nicht viel Geld ausgeben! Es gibt auch hunderte Ideen für **Reiki-Schmuckstücke & Ritualgegenstände** die du leicht selbst anfertigen kannst. Sie werden Dich im Alltag daran erinnern, dass es im Leben stets und ständig darum geht, die innere Meisterschaft zu vervollkommnen!

Auf den folgenden Seiten möchte ich hierzu einige Tipps und Anregungen geben. Du wist sehen, wie einfach es ist, solche kraftvollen Dinge selbst herzustellen. Bei unseren „Reiki-Wochenenden im Harz", die jährlichen großen Reiki-Austauschtreffen, üben wir uns jeweils in einer neuen, hohen Kunst! Der Phantasie sind natürlich keine Grenzen gesetzt!

a) Reiki & die Arbeit mit Steinen

Bereits das Sammeln der Steine, bzw. das Auswählen in einem Steine-Laden, kann zur Meditation werden. Gehe ganz bewusst am Strand entlang oder durch die Berge. Irgendwann wirst Du einer Schwelle begegnen, vielleicht ist das eine Steinstufe oder zwei Bäume, zwischen denen Du hindurchgehst. Bleibe vor diesem Tor ganz bewusst stehen und atme mehrere Male tief ein und aus. Dann verbinde Dich mit Reiki und bitte darum, hinter der Schwelle eben jenem Gegenstand zu begegnen, der dir hilft, in Deine Kraft zu kommen. Dann verbeuge Dich tief und betritt den heiligen Raum hinter der Schwelle. Es gleicht fast einer Reise zum Höheren Selbst und Du wirst feststellen, dass Du nun viel bewusster atmest, viel achtsamer Deine Füße auf den Boden setzt. Alles was Dir nun begegnet ist Spiegelbild Deiner Seele! Wenn Dir in den kommenden Momenten ein Stein ins Bewusstsein fällt, laufe nicht hin, ergreife ihn nicht einfach. Nähere Dich achtsam, bitte darum, mit der Wesenheit, der energetischen Präsenz in diesem Gegenstand in Verbundenheit zu treten. Es ist nicht wichtig, ob Du dieses Vorgehen seltsam findest – es macht einen riesengroßen Unterschied, experimentiere damit! Wenn Du die Erlaubnis bekommst, mit dem Stein in Verbindung zu treten, ihn gar mit nach Hause zu nehmen, dann bedanke Dich bei dem Ort. Gehe zurück zur Schwelle, überschreite sie achtsam und verbeuge Dich anschließend. Nun beginnt Deine Arbeit mit dem Fundstück, die auch stets Arbeit an Dir bedeutet!

Deine Fundstücke kannst Du z.B. mit Reiki- oder Traumsymbolen bemalen. Gekaufter Speck- oder Y-Tong-Stein ist zu jeder erdenkbaren Form bearbeitbar!

b) Reiki & die Arbeit mit Holz

Von dem Holz kannst Du dich natürlich ebenso finden lassen! Mit diesem Werkstoff möchte ich Dir einige wundervolle Möglichkeiten der spirituellen Arbeit eröffnen:

Anfertigen einer Mala (Gebetskette)

Runensteine (keltische Kraftsymbole) bzw. Reiki-Massage-Stäbe

Bau eines Hausaltars

Für den Bau eines solchen dreieckigen Hausaltars für eine Zimmerecke, brauchst Du nicht mehr als eine OSB-Verlegeplatte, einen Besenstiel, zwei kleine Scharniere und eine Hand voll Schrauben aus dem nächsten Baumarkt!

Der Altar der Dankbarkeit

"Kyo dake wa ... kansha shite" - Gerade heute, sei dankbar! Aber wofür kannst Du dankbar sein, wenn Dich fiese Rückenschmerzen pisacken oder Du einen lieben Menschen loslassen musstest?

Antwort: Dennoch für sicher hundert guter Gründe! Das vergessen wir nur allzu leicht. Der „Altar der Dankbarkeit" erinnert uns daran, mehrfach täglich innezuhalten und die Steine zu berühren. Ein jeder dieser Steine steht für einen guten Grund für den wir trotz mancher Widrigkeit Dankbarkeit empfinden können.

ZUR ÜBUNG: Gehe hinaus in die Natur, nachdem Du eine GASSHO-Meditation praktizierst hast und „lasse Dich dort von einem Stück WURZEL finden". Bearbeite diese Wurzel und suche Dir 10 STEINCHEN aus - gekaufte Heilsteine oder solche, die auf Deinem Weg liegen. Stelle den fertigen Altar, den Du täglich mit REIKI weihen kannst, an einer Stelle zuhause oder auf Arbeit auf, an der Du oft vorbeikommst. Dort halte von nun an ein jedes Mal inne und denke an 10 Dinge für die Du gerade Hier und Jetzt dankbar bist.

Allein die mentale Beschäftigung mit dem Thema der Dankbarkeit wird Dich wurzeln, Deinen Blick auf die Welt erweitern, Dir Sorgen und Ängste nehmen und Dich mehr und mehr mit wirklich gefühlter Dankbarkeit beleben. *„Gassho ... gerade heute sei dankbar!"*

Ein Reiki-Weihnachtsleuchter (Jul-Leuchter)

Auch Julleuchter genannt. Nimm 6 Haselstöckchen, die Du anspitzt und auf deren Mitte Du ein Schriftfeld schnitzt. Jetzt brauchst Du noch 4 Äpfel, 4 Honigkerzen, ein wenig Tannengrün & Mistelzweige. - Als Werkzeuge brauchst Du: Taschenmesser, Apfelentkerner (Kerzenlöcher im Apfel), Stifte & Feuerzeug.

Die Haselstäbe kannst Du mit Reiki aufladen. Sehr schön ist das im Rahmen einer Partner-Mentalbehandlung. Der Partner gibt Dir über die Kopfpositionen Reiki, während Du Dich mit einer Erinnerung verbindest, in der Du bedingungslos liebtest oder dich ganz geliebt fühltest. Diese Energie fließt dann in den Segensstab, den Du in Deiner Hand hältst.

Nach der Reikigabe, schreibst Du Deinen lichtvollen Wunsch fürs neue Jahr auf den Stab, steckst den Julleuchter zusammen und stellst ihn in den Garten oder auf einen Kraftort im Walde.

Man sagt, wenn der Leuchter ganz von den Tieren des Waldes verspeist und mit dem Boden verwachsen ist, würde Dein Wunsch im ewigen Raum aufgehen - Gassho!

37

c) Reiki & die Arbeit mit Licht

Angefangen davon, dass Du selbst eine Kerze ziehen oder sie gießen kannst; dass Du sie mit Reiki-Symbolen verzierst oder ein Eislicht baust, Licht ist immer eine wundervolle Möglichkeit einen Raum wortwörtlich zum Leuchten zu bringen.

Für das Eislicht brauchst Du ein normales Glas, einige Scheiben Marienglas (z.B. von einer unserer Kraftplatzwanderungen, Heißkleber samt Pistole & ein Teelicht.

Hast Du einen eigenen Garten, kann eine Feuerstelle/Feuerschale für wunderbare, kraftspendende Reiki- & Jahreszeitenrituale sorgen. Das Element Feuer wird Dir helfen, so manche Altlast zu verbrennen.

Die Mitte des Hauses

Eine besondere Aufmerksamkeit sollten wir der Mitte unseres Hauses, bzw. der Mitte unserer Wohnung zukommen lassen. Sie spiegelt nach geomantischen Gesichtspunkten das Zentrum unserer Lebenskraft, die innere Mitte. – Wenn wir im Alltag den vielen kleinen Hürden begegnen, von einem Termin zum anderen hasten, dann ist es schön, im Alltag immer wieder an die eigene Mitte erinnert zu werden. Der Blick auf Buddha und Kerzen, hilft mir, kurz innezuhalten, bewusst Reiki zu atmen und mich wieder zu zentrieren.

Erst mit der systemischen Sicht auf die Dinge, werden wir feststellen, dass es seltsame Wechselwirkungen davon gibt, wie es mir innerlich geht und, wie aufgeräumt oder zugestellt mein Lebensbereich ist.

Werde Dir bei der inneren Arbeit also auch des Zentrums deines Heimes bewusst, mache es schön & bring es zum Leuchten!

d) Reiki & die Arbeit mit Papier, Pinsel & Stift

Ob Du nun zeichnen, malen oder kalligraphieren kannst, darauf kommt es nicht an. Schöne Reiki-Symbole kannst Du Dir für private Zwecke einfach aus dem Netz ziehen und sie gerahmt in einem Raum aufhängen. Mehr Wirkung haben die Bilder natürlich, wenn Du sie meditativ selbst angefertigt hast!

Diese Bilder erfüllen den gleichen Sinn und Zwecke, wie die „Mitte des Hauses" – sie werden Dir helfen, Deine Aufmerksamkeit auf das Wichtige zu lenken, zu bündeln und Dir die Schönheit der Welt vor Augen führen.

Und auch hier sind Deiner Kreativität keine Grenzen gesetzt:

- Zeichne Dir ein Reiki-Symbol klein auf einen Finger, dass nur Du es siehst oder nutze ein „temporäres Tattoo"
- Male Ostereier oder Weihnachtskugeln an
- Trage eine winzige einlaminierte Reiki-Zeichnung im Portemmonaie
- Fertige kleine Kraftverstärkungssymbole auf Papier an und bringe sie überall dort an, wo Dir eine Tätigkeit ansonsten schwer fällt
- Bitte in einer Meditation oder vorm Träumen darum, dass Dir ein Symbol gezeigt wird, dass Deinen derzeitigen Wachstumsprozess unterstützt!

Weitere Ideen zur Gartengestaltung:

Unser Garten gleicht einem kleinen, verspielten Paradies. Hier gibt es Ecken, in denen die Wildkräuter ruhig einmal sprießen dürfen, wo das Gras keinem Kriterium eines Golfplatzes entsprechen muss. Und auch Moos ist wunderschön und wird nicht bekämpft. Die Kräuter suchen sich ihren Platz und wir wissen: „Was hier wächst, hat einen guten dafür!" Ich hörte einmal, weiß aber nicht, ob es stimmt, möchte aber daran glauben, dass sich der Garten an denjenigen anpasst, der darin zuhause ist. Die Pflanzen passen sich an, harmonieren mit dem in mal mehr, mal weniger Harmonie Gehenden. Nach spätestens drei Jahren sollen im Garten eben jene Pflanzen auf ganz natürliche Art und Weise „eingewandert" sein, die der oder die Bewohner benötigen, um in Harmonie und Heilung zu kommen. Für einiges müssen wir scheinbar nicht sorgen!

In anderen Ecken, gestalten wir unser Zuhause. Da sind Reiki-Symbole an die Wände gemalt, oder auf einer selbst gegossenen Rasentrittplatte verewigt. Vor dem Haus steht unser Reiki-Stein (ein großer Sandstein, mit Hammer und Meißel bearbeitet, siehe Foto S. 27), es gibt Sitzecken zum Zurückziehen, einen Meditationssteinkreis, einen Ahnenstein (an dem wir lieben Menschen gedenken), Buddha-Statuen und Herz und Auge erfreuende Neuanpflanzungen. Und jedes Jahr prüfen wir von Neuem, was sich wandeln möchte.

WICHTIG: Ein Kraftort bedarf immer wieder Deiner Aufmerksamkeit, der energetischen Reinigung (angefangen vom Staubwischen bis hin zum „Loslassen alter Themen", dem Ausmisten alter Gewohnheiten und angehäufter Dinge). Bleibe also wach, um einen möglichen Byosen zu erspüren!

3. Kraftplatz Heiligtum

Fragen zur Selbsterkenntnis:

- Welche Kraftplätze sind in Deiner Nähe, in Deinem Heimatort, zu welchen Orten fühle ich mich hingezogen (Seen, Berge, Felsen, Bäume etc.)? Eine Aufzählung der größten/bekanntesten Kraftplätze Deutschlands findest Du in den Büchern im Literaturverzeichnis (vgl.z.B. Luczyn).

_____

_____

_____

_____

_____

- Hast Du einen Lieblingsort in der Natur? Mit welchen Gefühlen, Eingebungen wirst Du an diesem Ort beschenkt? Hast Du Dich an diesem Kraftplatz mal in Meditation versenkt, einige Stunden lang still gesessen, oder gar eine Nacht geschlafen?

_____

_____

_____

_____

_____

3.1. Wie findest Du einen Kraftplatz?

Paracelsus empfahl im „Buch der Natur" zu lesen, aus Gegebenheiten der Topographie und Beschaffenheit der natürlichen Umgebung, der Orts- & Flurnamen und der lokalen Überlieferungen (wie z.B. den Sagen) Rückschlüsse darüber zu erlangen, welcher Ort schon bei unseren Vorfahren als Kultplatz galt. Aber gibt uns ein Ort Kraft nur weil dieser unseren Vorfahren als heilig galt. Oder muss vielmehr in uns eine gewisse Heiligkeit für den Augenblick und den jeweiligen Ort entstehen, bevor wir die Kraft wahrnehmen? Ich denke es ist wichtig, ja unerlässlich, dass wir der Natur unser Herz öffnen, dass wir uns ganz auf dieses Abenteuer der Begegnung (mit uns selbst, denn die Natur ist stets unser Spiegel) einlassen, uns von seiner Größe und Vielfalt aber auch von seiner Schlichtheit und Stille berühren lassen.

Doch dieses Berühren und berühren lassen geschieht nicht, wenn wir einen Ort kurz überfliegen, wir müssen uns Zeit nehmen, den Ort zu erspüren, uns Zeit lassen, die Zeit loslassen, denn erst wenn wir uns leeren, können wir uns ganz anfüllen von der Herrlichkeit des Lebens, das uns umgibt!

Wir sollten also wach sein, wach für die Schönheit der Dinge (die hinter den Schablonen der Begriffe Bach, Baum und Berg liegen), die uns im Alltag umgeben. Die natürliche Schönheit eines Baumes, einer Blume, eines Steins, kann wahrlich unsere Stimmung beeinflussen, unser Herz weiten, Körper und Geist heilen. Unsere Augen si d die Fenster der Seele heißt es. Aber auch die Klänge der Welt, können uns aus dem Alltag entführen und Wohlbefinden in uns wecken, genau wie Gerüche.

Sie wecken alte Emotionen, lassen Kindheitserinnerungen wieder lebendig werden, doch viel zu oft riechen wir gar nichts, unser Geruchsinn ist wie alle anderen umnebelt, betäubt. Die Reize die im Alltag auf uns einströmen kommen so geballt, sind so vielfältig, dass wir uns verschließen und lieber unberührt als überfordert bleiben.

Jeden Moment müssen wir uns also neu entscheiden, unsere Sinne zu schärfen und uns berühren zu lassen. Aber auch selbst zu berühren, die Dinge zu begreifen, die Baumrinde zu ertasten, die Füße barfuß und achtsam auf den Boden zu setzen (mit ihnen die Erde zu küssen) und zu schmecken. Ja, wir müssen wahrlich das Leben schmecken, frisches Quellwasser, selbst gepflückte Gräser von der Wiese, frische Beeren vom Strauch.

Wenn wir so mit allen Sinnen wach durch die Welt gehen, werden wir die Orte der Kraft selbst finden und ihre Auswirkungen auf unseren Organismus spüren können. (vgl. Hänni 2008)

Mögliche Vorgehensweise bei der Kraftplatzsuche (am Beispiel Ostharz):

- Erwerb einer **Wanderkarte** der Heimat mit dem Maßstab 1:50.000 (umso genauer, desto besser > im Harz eignen sich das Kartenset der Harzer Wandernadel)

- Besondere Beachtung von **Bergkegeln, Höhlen & Mooren, Burgen & Burgruinen** (Schloss Ballenstedt, Regenstein, Alter Falkenstein, Falkenstein, Anhalt, Roseburg, Quedlinburg, Winzen- & Homburg bei Thale, Stecklen- & Lauenburg, Burgberg von Bad Harzburg, Wernigeröder Schloss, Langenstein, Heinrichsburg, Erichsburg, Güntersburg etc.), **alten Kirchen & Klöstern** (Wendhusen bei Thale, Kloster Drübeck, St. Cyriakus Gernrode, St. Servatius Quedlinburg, Halberstädter Dom, Konradsburg etc.), **geschützten Bäumen** (Schäfereiche bei Bad Suderode, Eibental bei Thale, Hunrodeiche bei Stolberg, Burglinde auf der Lauenburg etc.)

- Beachtung der **Orts- & Flurnamen**:
  - **verballhornt** (*Eselsquelle* als Quell der Asen bei der Rosstrappe, *Eselsplatz* bei Quedlinburg, *Altweiberbrunnen* als Altgeweihter Brunnen in Thale)

  - **verteufelt** (*„Fahle Hölle"* als Walhalla, *„Hexentanzplatz"* bei Thale, *„Teufelsmauer"* bei Neinstedt, *„Teufelsstein"* bei Bad Suderode, *„Teufelsmühle"* bei Friedrichsbrunn ...)

  - Namen von **alten Gottheiten** (*Bielstein oder Tyrstein* und die

„Großvater- & *Großmutterfeslen"* bei Blankenburg, der *„Thorstein"* bei Thale, der *Burgberg Krodos* und der *Elfenstein* bei Bad Harzburg, *Osterberg* bei Gernrode uvm.)

- o **Name von Gerichtsplätzen** (*Dedingstein* bei Blankenburg, *Thieberg* bei Rieder und Warnstedt, *Galgenberg* bei Elbingerode, *Sachsenstein* beim Kloster Drübeck, *Hunrodeiche* bei Stolberg, *Lügensteine* bei Halberstadt, Neinstedt & Thale, Butterjungfer bei Gernrode)

- o **Grabhügel** (Boxhornschanze & Mooreichen bei Quedlinburg, Siebenspringe bei Thale)

- o **Opfer-, Runen- oder Näpfchensteine** (Näpfchenstein beim Schweinskopf Weddersleben, *Teufelsstein* bei Bad Suderode, *Opferstein* auf dem Hexentanzplatz, *Rosstrapp* & das *Teufelswaschbecken*, *Mägdesprung* etc.)

- o **Vergoldete oder heilige Orte** (*Heiligenteich & Heiligengrund* bei Gernrode)

- Beachtung der **Heimatgeschichte** vornehmlich der **Sagen** (altüberliefertes Volksgut in dem oft Jahreszeitenrituale, Glaubensideen und Rechtsgrundlagen der Ahnen verballhornt verarbeitet sind) > Alleine der Ostharz hat eine Fülle von mehreren tausend Sagen, was ein guter Spiegel dafür ist, wie wichtig mitunter sogar heilig diese Region den Menschen war, die sie seit 7000 Jahren durchgängig besiedelten!

3.2. Exkurs: „Die Sage vom „Schatz im Gegenstein"

„Bei Ballenstedt liegen auf einer Anhöhe zwei Sandsteinfelsen, Gegensteine
genannt. Der Kleine gibt, wenn man gegen seine Mittagsseite spricht, jeden Ton
im Echo zurück und heißt daher „der Laute" – der Teufel soll dort hineingefahren
sein und die Touristen mit dem Nachäffen foppen. Neckt man ihn wieder, wird
man mit Steinen beworfen. Der andere nennt man „den Stummen". Aber
langsam, weshalb der böse Geist hier einst sein Unwesen trieb, erzählt folgende
allbekannte Sage:

Eines Sonntags ritt ein Bauer aus Ballenstedt kurz vorm Sonnenaufgang nach Quedlinburg um zum Gottesdienst zu gelangen. Ermattet von den vielen Aufgaben, die er schon am Morgen erledigt hatte, schlief er auf dem Rücken seines Pferdes ein und erwachte erst, als sein Gaul ruhig grasend innehielt. Was war das für eine seltsame Umgebung? Nie zuvor hatte er diese seltsamen Felsen gesehen, die vor ihm in den Himmel ragten. In den großen Felsen führte eine lange Treppe tief hinab. Die Neugierde trieb ihn an, sich der Öffnung zu nähern und hinabzusteigen. Unten erblickte er einen großen Kessel voll Gold, daneben einen gewaltigen Stein der mit seltsamen Schriftzeichen und Edelsteinen verziert war und als drittes eine schöne silberne Peitsche. Neben den Kostbarkeiten aber, saß diese bewachend ein großer, schwarzer Hund mit feurigen Augen. Lange stand der Bauer vor den schönen Sachen und musterte sie sorgfältig. Langsam griff er in das Gold, doch der Hund rührte sich nicht. Schnell rannte der Bauer die Stufen hoch, besah sich unter freiem Himmel das Erbeutete und dachte bei sich, wie er seinen Hof erweitern könne.

Würde er aber noch einmal hinuntergehen, könnte er sich eine Burg bauen, vielleicht ein reicher, angesehener Graf werden. Auch beim zweiten Griff blieb der Hund teilnahmslos sitzen. Erst als der Mann ein drittes Mal Gold an sich nahm, sprang der Hund dem Nimmersatten entgegen, verwandelte sich in den Teufel und tauchte die ganze Höhle in ein höllengleiches Flammenmeer. Der Ballenstedter rannte um sein Leben, ergriff in der Flucht aber noch die Peitsche, sie war arg zu verführend, und im letzten Moment sprang er ins Freie, bevor die zur Erde polternden Felsbrocken den Höhleneingang versperrten.

Mit Sausen und Brausen fuhr der Teufel hoch in die Luft und schlug im lauten Gegenstein wieder ein. Wie gesagt, soll der Teufel dort heute noch hausen. Der Bauer der froh war, mit dem Leben davon gekommen zu sein, bekreuzigte sich und wie er stolzen Herzens das erfasste Gold besah, stellte er erschrocken fest, dass es sich in wertlose Kiesel verwandelt waren. Einzig die Peitsch war des Landmannes Lohn. Die Peitsche des Teufels! Als er dessen gewahr wurde, warf er sie weit von sich, ritt fiebernd nach Hause, worauf er drei Tage später gestorben sein soll.

(aufgeschrieben in Kiehne: „Sagenhaftes Ballenstedt", nach Gottschalck, 1814; der Gegenstein ist Teil der sagenumwobenen Teufelsmauer im Ostharz (siehe Foto unten))

3.3. Exkurs: „Sinnsuche in den Sagen"

Das folgende Raster gibt Dir die Möglichkeit, eine Sage aus verschiedenen Blickwinkeln zu betrachten. Dies gleicht der Arbeit mit unseren Reiki-Symbolen. Don Alexander pflegt zu sagen, dass jedes heilige Symbol, wie ein Fenster eines Hauses ist. Du siehst aus unterschiedlichen Ansätzen ein und dasselbe: Die Essenz des Seins.

S	Sache	Gemeint ist die Sachinformation der Sage: Welche Personen handeln wie, wo & wann? So belanglos, wie diese Informationen oft scheinen, sind sie nicht!
A	Ahnung	Welche moralische Lehre der Ahnen steckt in der Sage? Welcher Lebensweg führt zum Glück & welches Verhalten birgt Leid?
G	Gefühl	Welche Herzens- bzw. Heilsbotschaften verstecken sich hinter den Geschichten? Was spricht mich persönlich an und was berührt mein Herz?
E	Essenz	Zuletzt, liegt in vielen Sagen ein spiritueller Kern verborgen. Unsere Vorfahren hatten einen starken Bezug zum Übernatürlichen/Göttlichen. Welche Handlungsanweisung für das Hier- & Jetzt erfahre ich aus dem Wortlaut der Sage? Wie wirkt der sagenhafte Ort auf mich? Was weckt er in mir?

Eine Sage kann demnach aus unterschiedlichsten Blickwinkeln betrachtet werden, wobei gesagt werden muss, dass sich die wenigsten Menschen Mühe geben, eine Sache wirklich durchschauen zu wollen. So oft hörte ich z.B. Touristen an der Rosstrappe sagen: „Von wo ist die Prinzessin gleich gesprungen? – Von dort drüben? – Ach das ist doch viel zu weit, solche Sagen sind doch Unsinn!"

Das Wissen, dass sie auf einem vorchristlichen Kultplatz unserer Ahnen stehen, der tausende Jahre lang als heilig galt, entgeht ihnen leider. Auch das erhabene Gefühl, auf einer Anlage (Winzenburg, Homburg und die Bodetal-Wälle) zu stehen, die eine der größten und bedeutsamsten ihrer Art in Europa war, bleibt ihnen verschlossen. Mir scheint es fast so, als würden wir trotz allem uns zur Verfügung stehenden Wissen, trotz der angehäuften Güter, trotz der vielen, faden Bekanntschaften und Beziehungen und der prächtig gefeierten Geburtstags- und Weihnachtsfeste, blind, leer und unerfüllt bleiben. In eben dieser Sinnleere, können uns Sagen als „Hohe Lehrgeschichten" helfen, unseren Alltag mit Substanz zu füllen und ein erfülltes Leben zu führen. Die Prinzessin Brunhilde vom Rosstrapp gab Zeugnis dafür, aber später mehr davon! ;-)

Wir waren dabei, dass uns Sagen berühren können, wenn wir sie aus unterschiedlichen Betrachtungswinkeln auf uns wirken lassen: Die „normale" **SACHINFO** liegt oft auf der Hand, ist in jedem touristisch-geschichtlichem Reiseführer der Region abgedruckt, weshalb ich sie in diesem, speziellen Buch vernachlässige.

Die **AHNUNG**, also die moralische Botschaft, welche die Ahnen gläsern in einer Geschichte verpackten, die oft auf leisen Sohlen daherkommt, ist für mich schon interessanter. Und genau hier wird es spannend: Manche Geschichte berührt mich nicht nur, sie packt mich, zieht mich magisch an und auch der sagenhafte Ort hüllt mich in einen sonderlichen Bann.

Hier werden **GEFÜHLE** in mir wach, Erinnerungen steigen in mir auf und ich ahne; dieser Ort hat etwas mit mir und meiner Lebensgeschichte zu tun. Wenn ich es schaffe, mich dem nicht zu verschließen und mich all dem hinzugeben, was geschehen möchte, dann werde ich oft überrascht werden. Vielleicht wallt Angst in mir auf, oder ich fühle mich wie Hape Kerkeling auf seinem Jakobsweg, der schreibt: „Ich habe gehört, jeder weint mindestens einmal auf seinem Weg, … doch aber bitte nicht schon am ersten Tag!" - Natürlich ist Traurigkeit nicht das Maß aller Dinge, aber wie wertvoll war ein Tag, wenn er uns nicht berührt hat? Herausragend finde ich die Erkenntnis darum, dass die meisten Sagen eine spirituelle **ESSENZ** beinhalten. Sie erzählen also davon, wie es mir gelingt, Gott nah zu kommen. Diese vier „Betrachtungswinkel" ermöglichen es mir, in der Sage mehr zu sehen als eine belanglose Erzählung.

WISSENSWERTES ÜBER DEN GEGENSTEIN

Belanglos ist der Kraftplatz *Gegenstein* nämlich keineswegs. Der Name jener Felsen lässt sich von Kensteine herleiten und meint Verkündigungsplätze. Hier trafen sich bereits vor tausenden Jahren unsere Ahnen, um ihren Göttern zu gedenken, wichtigen Volksenscheidungen zu lauschen und Termine (wie für Aussaat oder Ernte) zu erfahren.

Für unsere Vorfahren war es ein heiliger Ort, der später vom einziehenden Christentum wie die Pest gemieden und verteufelt wurde. Nicht umsonst, soll der Teufelshund im Felsen sitzen und den vorbei pilgernden Gäste ins Herz schauen, wobei jeder Unfromme zu Tode erschreckt wird.

Kraftplatzarbeit am Gegenstein

Die Sage lädt uns dazu ein, möglichst wach unterwegs zu sein, uns also weder vom Schlaf übermannen, noch uns von inneren Antrieben bestimmen zu lassen.

1. Vielleicht ist es richtig – sofern es die Witterung zulässt – die Schuhe auszuziehen & barfuß zu wandern, mal wieder ganz „langsam & aufrichtig" zu gehen. Der bekannte Zen-Buddhist Thich Nhat Hanh sagte einmal: „Pilgernd unterwegs zu sein ist, wie mit den Füßen bei jedem Schritt den Boden zu küssen!" – Lasst uns achtsam gehen & dabei alle Sinne wecken!
2. Wenn wir einen Platz an den Gegensteinen finden, von dem wir uns gerufen und an dem wir uns wohl fühlen, dann halten wir dort inne. Vielleicht wollen wir uns hier niedersetzen und uns in die Erde, Pflanzen & Felsen hineinspüren. In Gedanken steigen wir in die Höhle am Gegenstein hinab – immer tiefer und tiefer. Wie sehen die Räume aus in unserem Inneren? Und welcher Schatz will da ganz tief in uns selbst zum Vorschein kommen? (Auszug aus meiner Kraftplatz-Broschüre Ballenstedts)

3.4. Exkurs: Die Sage der Rosstrappe

Wisst ihr's noch, wie Brunhilde auf ihrem weißen Ross vorm allgewaltigen König Bodo floh? Wie verzweifelt sie war, als sie gewahrte, dass sie den falschen Felsen emporgeritten war? Denn drüben auf der anderen Seite, da stand die Feste ihres Liebsten, doch ein großes, tiefes Tal trennte beide. Würde sie sich dem Bodo gefangen geben müssen? Nein, lieber wollte sie den Sprung zur anderen Seite wagen, lieber beim Versuch sterben, als dass der Dunkle seine Finger an sie lege! So verdrängte sie die Furcht und spornte ihr Pferd zu schnellstem Lauf und es sprang ... und flog ... und vermochte das Unmögliche: Das tiefdunkle Felsental war überwunden.

Mit dem Vorderfuß setzte es auf der schmalen Klippe auf und prägte dort den Rosstrapp, den wir noch heute im Felsen bestaunen können. König Bodo, der das Schauspiel mit Verwunderung verfolgt hatte, jagte ihr endlich nach, doch sein Sprung misslang. Mitsamt seinem Ross zerschepperte er im steinernen Bett des Tales, nach ihm nun benannt: Das Bodetal. Dort bewacht er als Teufelshund verwandelt, die Krone Brunhildes, denn die war der Holden beim Sprung vom Haupt gefallen.

... Wer natürlich tiefer hinter diese Sage schaut, merkt rasch: Hier ist ein Wandlungsritual, ein Jahreszeitenritual beschrieben, dass vom hohen Fest Imbolc (heuten nennen wir es Lichtmess) singt. Der lichte Geist (die blonde Brunhilde auf weißem Ross > Symbol des Frühlings) schafft es mit Mut und Hingabe hinüber, der dunkle Geist (Bodo auf seinem Rappen > Verkörperung des Winters) zetert wild, bäumt sich mit letzter Kraft noch einmal auf, doch muss schlussendlich verlieren, denn hier hilft kein Wollen, sondern nur ein Vertrauen darin, dass alles seine Zeit hat. (Detailliertere Informationen findest Du im Buch: "Die bekanntesten Sagen aus dem Ostharz & ihre geheime Bedeutung")

3.4.1. Beispiel einer Kraftplatzreise

Erstaunlich, schon in der Nacht scheint mich ein alter Kraftplatz, der Rosstrapp in Thale, zu rufen. Auf ihm bin ich schon hundert Mal gewesen, habe auf ihm hundert Stunden gesessen und tausend Fotos gemacht. Weshalb ruft mich mein Geist zur Wachheit, weshalb schon wieder dorthin? Ich beschließe mich nicht mehr lange wach im Bett herumzuwälzen, sondern aufzustehen und einfach loszufahren. Radio im Auto kommt nicht in Frage, die sieben Kilometer wollen schweigend, der Stille lauschend gefahren werden. Dann komme ich am Parkplatz zum Rosstrapp an und dort, wo sich sonst Menschenmengen tummeln, ist außer wenigen parkenden Autos nichts zu sehen. Alle Menschen im Rosstrappenhotel, bis auf das Küchenpersonal, schlafen noch – verständlich, die Uhr daheim zeigte ja auch gerade eben noch 6.10 Uhr!

Es ist kalt, ich friere am Kopf – Mütze vergessen – verdammt. Nein, warte mal Carsten …, alles hat einen Grund, auch das Vergessen einer Mütze, die sonst immer mein Scheitelchakra bedeckt. Kurz überlege ich, ob ich nicht besser Wasser, Kaffee und Brötchen, einen Fotoapparat, Schreibzeug etc. mitgenommen hätte. „Ach ihr lieben Gedanken, all ihr lieben Ablenkungen … ich sehe euch, ihr dürft mit dem Wind von dannen wehen!" So beschließe ich mich wieder ganz mit dem Hier-&-Jetzt zu beschäftigen.

Hinter mir in einiger Entfernung, hat ein Wanderer mit Hund offenbar dasselbe Ziel wie ich, da er den gleichen Weg zum altheiligen Rosstrapp, dem Abdruck des Hufmals des Wolkenrosses Sleipnir. Mit diesem Pferd konnte der Germanengott Wotan sogar durch die Lüfte reisen und hat überall dessen Spuren hinterlassen, damit die Menschen sich Seiner erinnern und ihm mit einer kleinen Gabe für alle Segnungen in ihrem Leben danken!

Eine kleine Gabe??? Man Carsten, du hast die Gabe vergessen – verdammt! Halt, irgendwoher kenne ich das. Alles hat einen Grund! Und wie ich noch alle Taschen meiner Kleidung durchgehe, um zu überlegen, welches Geschenk ich am Mal lassen kann fällt mir prompt ein:

Klar, Reiki! Ich flute den Platz mit Reiki, wenn der Ort es denn möchte. Ich gehe langsam weiter, denn der Weg ist steinig und fällt steil bergab. Achtsam gehen fällt hier also gar nicht schwer, wenn man nicht fallen möchte. Der Wind pfeift mir um den Kopf, ich friere. Der Himmel ist grau, dicke unwirtliche Regenwolken verdecken die Sonne die sich eigentlich gerade jetzt am Horizont zeigen müsste. Wird es gleich regnen? Egal! Ich fühle mich vom Wind vollkommen durchgeblasen, fast gereinigt. Meine Schritte werden immer langsamer. Wie wird mich der Platz wohl heute begrüßen, was wird mir widerfahren, welche Erkenntnisse werden sich meinem Geiste offenbaren? Dann plötzlich, schweigt mein Kopf und das Herz wird wach, es schmerzt. Doch beim Weitergehen, fällt auch dieser Schmerz von mir ab und alles wird still und weit. Mit jeder steinernen Stufe, die ich in die Höhe schreite, fühle ich mich wahrhaft mehr und mehr gehoben. Mein Scheitelchakra wird hellwach, meine Augen sind munter, blicken aber eher ganz aufmerksam zu dem, was innerlich geschieht: Ja, ich fühle mich tatsächlich gerade geatmet. Als ich den blanken Felsen am Rosstrapp betrete, halte ich kurz inne, atme durch, berühre mit meiner linken Hand den Stein und bitte ihn, ihn betreten zu dürfen, sage ihm, ich habe ein Geschenk mitgebracht: Reiki.

Wenn er möchte, werde ich Reiki fließen lassen und mich ganz als Kanal zur Verfügung stellen. Und wie ich auf die Antwort warte, sehe ich plötzlich Sonnenstrahlen durch die dicke Wolkendecke fallen, der Wind hat spürbar nachgelassen und war es wirklich wärmer geworden??? Ich bin verblüfft und tief berührt. So tief, dass mein Geist fast fassungslos wieder und wieder nachfragen will: „Kann es wirklich sein?" Aber ja, tief im Herzen spüre ich: „Du bist willkommen!" Selbst die Blätter der Eichen schienen mir zuzunicken. Da muss doch jeder Zweifel im Kein ersticken, bei solch klaren Botschaften. Langsam gehe ich auf den kargen Granitfelsen, setze achtsam einen Fuß vor den anderen, als würde ich ein lebendiges Wesen betreten, als wäre jede Berührung von Fuß und Erde ein Kuss zweier frisch Verliebter.

Oh, ich bin nicht allein. Der Mann mit dem Hund, der gerade noch hinter mir war, ist plötzlich schon vor Ort. Mit dem Hund sind wir drei Wesen am Ort. Drei ist die Zahl der Dreieinigkeit Gottes – spannend.

Es gibt keine Zufälle, so beschließe ich ihn nachher noch anzusprechen und zu fragen, was der Grund seines Besuches hier ist!

Aber erstmal widme ich meine Aufmerksamkeit dem Mal. Ich begrüße es mit Augen und Herzen und wie ich hineinblicke, komme ich aus dem Staunen nicht mehr heraus: Es liegt voller Geld! Daran ist im Grunde nicht ungewöhnlich, wie ich aber genauer hinschaue sehe ich überall Ein- und Zwei-Euro-Münzen blitzen. Ein kleines Vermögen. Sofort beschließe ich auch einen Euro hineinzugeben, mein Letzter, wie passend und nach altem Brauch wünsche ich mir etwas: Möge diese meine Reise mir Erkenntnisse schenken. Möge aus all meinen Erfahrungen ein guter Ratgeber für andere werden, die sich mit einer Herzensbegegnung mit Kraftorten beschäftigen wollen. „Danke – tausend Dank!", denke ich und eine unglaubliche Dankbarkeit durchströmt tatsächlich mein Herz, mich so berührend, dass sich ein kleines Rinnsal von Tränchen in den Rosstrapp ergießt.

Exkurs: Das Anleiten einer Gruppe

Auch wenn es hauptsächlich um das eigene Erspüren der Kraftorte gehen soll, möchte ich doch auch einen kleinen Abschnitt, ein Reisebeispiel zum Anleiten einer Gruppe im Skript mit anführen. Vor allem Reiki-Meister oder Menschen die in pädagogischen/psychologischen Berufsfeldern arbeiten wissen, dass es eine ganz andere Herausforderung (aber auch ein ganz anderer Segen) sein kann, Gruppen durch einen Prozess zu führen.

Das wir uns nicht gegenseitig ablenken oder uns energetisch stören, sollten wir folgende Regeln beachten:

- Vorbereitung der Gruppe durch Sachinformationen zum Ort und zum Geschehen, wenn möglich energetische Vorbereitung des Platzes
- Keine unnötige Konversation, wir wandern in Stille
- Störungen aber haben Vorrang und dürfen angesprochen werden: Gefühle zulassen & den Teilnehmern beistehen, ihnen nichts abnehmen
- Darauf vertrauen, geführt zu werden (Reiki, Höheres Selbst)
- Der Moderator erinnert 1. an besonderen Punkten an das Wesentliche des Moments; 2. führt durch die gemeinsamen Übungen (wobei er den Teilnehmern Raum und Zeit für ihre innere Arbeit gibt) und ist 3. präsent dafür, dass das Außen Spiegelbild des Inneren ist
- Offenheit für neue Eindrücke (nicht an alten Plänen verhaften)
- Wirksame Gruppenrituale durchführen
- Nachbereitung der Tour als Gruppenprozess oder in Einzelgesprächen

3.4.3. Beispiel einer Rosstrapp-Gruppenreise zu Mabon (21.09.)

„Den Sonnenaufgang werden wir wohl nicht sehen!", dachte ich beim Aufwachen als ich den Regen hörte, der aufs Dach plätscherte. Grau war der Morgen und schien der einzige zu sein, der den Weg aus dem Bett gefunden hatte. Gestern sagte ich noch: „Wenn es regnet, meditieren wir im Raum!" Heute aber, im Angesicht des Regens, zog mich doch irgendetwas an die frische Luft. Nach und nach schien dieser Ruf auch alle anderen Gruppenteilnehmer zu erreichen. Gegen sechs Uhr in der Frühe saßen wir dann tatsächlich in drei Wagen und starteten pünktlich unsere feuchte Reise.

So stiegen wir am Rosstrappen-Hotel aus und liefen in den Regen. Wahrlich es pladderte nur so vom Himmel – eine intensive Reinigung zu Mabon. Wir gingen einige Meter sprechend und lachend bis zum ersten Aussichtspunkt, dann stoppte ich, ließ die Gruppe zusammenkommen und sagte, dass wir uns das Wetter unter dem Aspekt des Reiki-Symbols verdeutlichen sollten: Lasst uns den Regen einmal als Segen begreifen – als ein Ritual der Reinigung!

Als wir uns des reinigenden Aspektes bewusstwurden und schweigend weitergingen, änderte sich plötzlich das Wetter, der Regen hörte auf! Beim nächsten Stopp, wies ich auf die Veränderung hin und betonte, die Treppen als Spiegelbild unseres Eintauchens in die Tiefen unseres Seins/den meditativen Geistesgefilden zu betrachten. Die letzte Stufe sollte jene Schwelle sein, hinter der wir mit jedem Schritt unserer Seele begegnen. Die Stufen hinauf hingegen, sollen Spiegelbild unseres Lernprozesses, der Hürden unseres Lebens sein. Wenn wir sie meistern, würden wir mit jedem Schritt Gott näherkommen.

„Darum geht achtsamer, langsamer, küsst mit jedem Schritt den Boden unter Euren Füßen!" – Nächster Halt (kurz vorm Rosstrapp, dem einstigen Kultheiligtum unserer Ahnen): „Bittet um Erlaubnis, den Platz betreten zu dürfen. Wo fühlt ihr Euch hingezogen? Spürt ihr den Byosen des Ortes? Welche Gedanken & Gefühle steigen in Euch auf, welche Eingebungen? Schaut, welchem Ort Ihr Reiki geben wollt!"

Die Gruppe ging, ich blieb und wartete auf die Nachzüglerin. Als sie kam, wollte ich ihr die Aufgabe erläutern, doch sie fiel mir gleich in die Arme. Lange hielten wir uns, wobei ich sie flüsternd in die tiefen Wurzeln, die das Herz der Erde küssen lassen, einführte. Da standen wir und wuchsen zu einem Baum zusammen, hoch bis in den Himmel zur Sonne und zapften zugleich zwei Kraftquellen an, die Sonne und das Herz der Erde. Beide Energien vereinigten sich einatmend in unserem Baumherz und fluteten die Welt um uns her.

Singend betrat ich das Rosstrappen-Plateau („Om lokah …") und rief die Gruppe zusammen. Gemeinsam standen wir nun um den Rosstrapp herum und praktizierten das TCMY (vgl. Kapitel 1.3.), anschließend die Reiki-Gruppenstromübung (Reiki-Mawshi). Eine andächtige Stimmung: Dichte, dunkle Nebelschwaden überzogen die Berge, doch direkt über uns, riss der Himmel auf. Jubelnd begrüßten wir das Licht und gaben umso lieber unsere Dankesgabe (10 Cent – „ten", Symbol des Universum, Reiki und unser ganzes Herz) in das überfließende (Überfluss) heilige Weihwasser im Rosstrapp.

Eigentlich sollte jetzt das Wunschritual kommen, doch prompt begann es zu regnen. Gut gereinigt und wunschlos beseelt, gingen wir quasselnd zurück!

!!! Der Rosstrapp ist neben vielen anderen Sagenplätzen im Harz (Lauenburg, Schäfereiche, Teufelsstein, Teufelsmühle, Opferstein an der Teufelsmauer, Mägdesprung etc.) ein **Wunschort**, ein Kraftplatz also, zu dem unsere Ahnen gingen, ihren Göttern zu den acht hohen Jahresfesten zu beschenken.

Die Sagen berichten fast durchweg, man dürfe solch heilige Plätze an heiligen Zeiten wirklich nur mit einem reinen Herzen und befreitem Geist betreten, da ansonsten die Gefahr bestehen würde, dass jeder Gedanke gekräftigt wird und sich letztlich materialisiert; eben nicht nur der „Gute Wunsch", sondern auch die Ängste, bzw. der gefühlte Mangel. Alles Unreine wendet sich dann gegen uns, die Sagen reden von Versteinerung. Tatsächlich besteht m.E. die Gefahr, dass unser Herz versteinert (bzw. Körper & Geist gesundheitlichen Schaden nehmen), wenn wir auf Kraftplätzen wirken, ohne unser Herz zuvor selbst zu einem Kraftplatz verwandelt zu haben.

Feedback der Gruppe:

„Da bin ich Thalenserin und doch habe ich diesen Platz noch nie so erlebt!"

„Ich bin so unaussprechlich dankbar, dass das hier meine Heimat ist! Ich war eine Hexe, die sich auf ihrem Besen, hoch in den Himmel erhob!"

„Ich habe mich ausgesöhnt mit der Umweltzerstörung und den Atom-U-Booten. Mit dem Regen, der mir über den Körper lief und in die Bode floss ist gleichsam meine Liebe in die Ostsee geflossen!"

„Das letzte Mal war ich auf Drogen, als ich die Welt in solchen Farben schimmern sah!"

„Von überallher grüßen mich die Drachen und wohlwollenden Wesen!"

„Wäre ich auch hinabgefallen – wäre das gar nicht schlimm gewesen, denn Ich weiß, ich kann fliegen."

Nur schöne Eindrücke?

!!! Wer auf Kraftplätzen mit Energien arbeitet, weiß aber auch darum, dass ein mancher Ort zu einer bestimmten Jahreszeit (z.B. einem der acht heiligen Jahresfeste) imstande ist, ganz seltsame Phänomene – u.a. Schwere, Traurigkeit und Ängste – in uns hervorzurufen. Wir werden dann geprüft in unserer Kraft zu bleiben oder uns der Ohnmacht hinzugeben, auf dass wir nach der Talsohle zu einer neuen Kraft in uns finden.

Diese oft **schmerzende Prozessarbeit** ist für Manchen leichter in Gruppe zu durchleben, weil man alleine vielleicht die Tendenz hätte, sich nicht tief fallen zu lassen. Die Gruppe sorgt hier fürs nötige Vertrauen und das Aufrechterhalten eines heiligen Raumes, der dem Feinfühligen hilft, sich ganz und gar fallen zu lassen:

3.4.3. Beispiel einer Rosstrapp-Gruppenreise zu Imbolc (02.02.)

Ohne das nötige Vertrauen in Reiki, wäre ich während dieser Kraftplatzreise wohl am liebsten vom Felsen gesprungen! Es war zu einer Zeit, da es mir wichtig war, dass jeder mit mir Meditierende nach dem Reiki in rosarote-zärtlichwarme-liebumsorgende-Wattewolken eingelullt ist. Aber es kam anders: Auf der Rosstrappe zog ein arschkalter Wind, die Sonne hatte noch lange keine Lust aufzustehen und ich rief gegen den Sturm an, die achtköpfige Gruppe möge zum gemeinsamen Ritual zusammenkommen.

Plötzlich schwankt eine Teilnehmerin und lässt sich in die Arme eines anderen fallen. Der bewies „Gott sei es gedankt" ein hohes Reaktionsvermögen, fing sie auf und brachte ihren vollkommen entkräfteten Körper auf seinen Beinen zum Liegen. Selbst saß er nun auf dem vereisten Felsgestein. Wie ich die Gruppe eben bat, der Frau Reiki zu geben, schwankte eine zweite Dame und musste sich niedersetzen. Ganz blass sah sie aus, der Ohnmacht nahe. Da saßen wir sicher zehn Minuten auf dem Felsplateau in eisiger Kälte, ließen Reiki fließen, bis eine Dritte Reikianerin von ihrer plötzlich aufwallenden Übelkeit berichtete. Äußerlich gelassen, bat ich Reiki … und den lieben Gott … und verdammt nochmal alle im Harz anwesenden, wohlwollenden Geschöpfe um prompte Nothilfe … bat auch die anderen Teilnehmer, sich noch einmal mit Reiki zu verbinden, auf den Reikifluss zu vertrauen … und, ein Wunder, der Wind lies nach und die Lösung folgte auf dem Fuße, bzw. auf dem Rosstrapp.

Reiki floss warm durch die Hände und bald waren wir auf dem Rückweg, den Prozess noch einmal in der Gruppe nachbesprechend. Was war geschehen?

Die erste Frau, in Yoga und Meditation erfahren, spürte eine sonderbare Schwäche in sich aufkommen und wusste in dem Prozess auf der Rosstrappe nur eines sicher: Würde sie sich der Kraft entgegenstellen, sich wehren, die da auf sie zukam, würde sie jämmerlich zerbersten. So gab sie sich hin, ließ sich einfach fallen, im größten Vertrauen darauf, dass alles kommt, wie es soll. Sie starb (energetisch gesehen) in jenem Moment, ließ alles los, was sie meinte in diesem Leben sein und darstellen zu müssen und der Wind trug ihre Hülle vom

Felsen hinfort. In diesem Moment, sagte sie, durchströmte sie ein unglaubliches Wohlgefühl, eine Wärme und das tiefe Wissen um die Verbundenheit mit allem. Sie sah seltsam gewandete Menschen; schwarzbekleidete Frauen die auf dem Hexentanzplatz ein Feuer umtanzten; und hier auf der Rosstrappe, sah sie Männer in weißen Roben, die ihre Hände gen Himmel streckten und eine Feuersäule entzündeten ...! So weich und Wärme ausstrahlend waren ihre Gesichtszüge beim Erzählen. Viel herzlicher als sonst, waren ihre Worte. Und frisch sah sie aus, so als wäre sie gerade erst neu auf diesem Planeten gestrandet ... und so sagte sie, fühle sie sich auch.

Die zweite Frau hatte mit Bedauern und Selbstvorwürfen zugehört ... sie fröstelte noch immer. Eine unglaubliche Angst vor dem Tod hätte sich als schwarzer, schwerer Schleier um ihr Herz gelegt. Nun aber, wünschte sie ihn sich fast. Ach, hätte sie doch losgelassen. Nein, ehrlich gesagt, war sie doch froh darum, dass man ihr in dieser beklemmenden Situation einfach Reiki gegeben und sie wieder zu sich selbst gebracht hatte. „Ich war nicht bereit fürs Sterben!" – Was für ein Abenteuer! So lehrte mich diese Reise, dass Reiki mindestens zweierlei kann: Einen heiligen Raum zum Sterben und Neuwerden bieten und die Lebensgeister zurückzurufen, wenn der Tod noch nicht dran ist!

!!! Eine Gruppen-Kraftplatzreise hat demnach den Vorteil einen **„Heiligen Raum"** zu generieren, der dem Feinfühligen hilft, in die Prozessarbeit vertieft einzusteigen, sich fallen zu lassen und eben dort zu erleben, was erlebt werden will und sich sowie den Ort auszuheilen. Auch das Phänomen der „potenzierten Energie", wenn mehrere Reiki-Gebende miteinander praktizieren ist nicht zu unterschätzen. So bewies bereits Masaru Emoto, dass sich mit gemeinsamen Gebeten selbst die Wasserqualität eines großen Sees enorm steigern lässt. (vgl. sein Buch „Wasserkristalle") Über die **Heilwirkung von Gebeten** gibt es mannigfache Literatur und selbst in den Harzer Sagen wird davon berichtet, dass einige Orte eine besondere Kraft bekamen, weil eine kraftvolle Person hier stets ihre Gebet sprach und ihren Gottesdienst verrichtete („Heilige Teich" bei Gernrode) bzw. der Ort an sich, bereits von einer Energie erfüllt war, dass er Gebeten eine enorme Kraft verlieh („Die Beteiche" bei Ballenstedt).

3.4.4. Beispiel der Klus-Reise

Die Harzer Sagen erzählen oft von „Aufhuckenden Geistern", die vorbeikommende Wanderer anspringen, sich eine Weile tragen lassen und sich von deren Energie ernähren. Mehrere Tage wären jene Menschen anschließend krank, oder würden gar vor Angst ermattet sterben! - Unfug sagen die einen, die mit Energie arbeitenden Reikianer kennen aber solche Phänomene tatsächlich: Nichtsahnend bist Du unterwegs, aber plötzlich überfällt Dich eine sonderbare Schwere. Kälte zieht Die den Rücken hinauf, die Gedanken werden trüb und das Herz beginnt zu bluten! Was passiert hier?

Ich möchte lieber fragen: „Was sollte nun passieren?" Den letzten „Aufhucker" erlebte ich mit einer Seelengefährtin am Klusfelsen bei Halberstadt, auch ein Wunschort, in dem man am Tage der Sonnenwende die Blaue Blume finden kann, freilich nur, wenn man reinen Herzens kommt! – Meiner Gefährtin wurde plötzlich unsagbar schwer ums Herz. Groll gegen mich überkam sie, wusste aber mit solchen Eindrücken gut umzugehen, versperrte sich nicht, sondern gab sich ganz ihren Tränen hin. Auch ich spürte die Enge in meiner Brust, den Groll, entschied mich aber die Perspektive zu wechseln, mich nicht tiefer in den Prozess hineinzugeben, sondern Beobachter zu bleiben. Als Beobachter war es mir vielmehr möglich, den Prozess meiner Freundin zu unterstützen. So gab ich Ihr Reiki, praktizierte „Attishas Herzmeditation" (vgl. Kapitel 1.3).

Vertrauen in Reiki half, innerhalb von 15 Minuten das Aufhucken zu lösen, aufzuklären und mit der energetischen Heilungsarbeit des Platz zu beginnen!

!!! Reiki sei Dank !!!

3.5. Übungen:

- Müll aufsammeln, mit der äußeren Reinigung, reinigen wir uns innerlich

- Byosen erspüren (Technik die im Skript Reiki I vertieft und geübt wird)

- Reiki-Gebet sprechen, Lebensregeln chanten, einfach Reiki fließen lassen

- Phantasie- oder Traumreise zum Höheren Selbst des Ortes – Was braucht der Platz von mir? Was ist sein Geschenk für mich?

- Sich mittels der Technik Familienstellen in den Ort bzw. in die Sagenfiguren einstellen

- TCMY; Qigong-Elemente-Übung; „Reiki Mawashi"

- Ganz zum jeweiligen Ort werden und lauschen

- Dem Ort **Geschenke** mitbringen: Reiki, Pflanzen, Heilsteine, Wein, etc.

- **Landart** – einen Platz schön machen (Steinskulpturen, Steintürme, Reiki-Symbole in den Schnee stapfen etc.)!

Abschlussgedanken

Ohne Frage ist jeder Ort heilig, da er Teil unserer großen Schöpfung ist. Aber ist er wirklich auch „heil", „heilsam" – wohl eher nicht. Mich überkommt ein Schaudern, wenn ich die Bilder von großen Städten sehe. Enge Straßenzüge, alles in Reih und Glied, kantig und gezwungen, schmutzig und verkommen, und der nächste Baum ist hunderte von Metern weit weg.

So wie auch wir Menschlein im Innersten von Gott gut gemeint sind, so wie unser Kern heilig ist, so ist doch das, was wir daraus machen, oft etwas ganz anderes. Wir bewegen uns so oft im Alltag eben gerade nicht auf die Ganzheit zu, obschon wir in tausenderlei Aktivität danach suchen: Wir streben in Konsum und Partnerschaft nach Erfüllung, suchen unser Glück in immer außergewöhnlicheren Freizeitaktivitäten und Urlauben, die stets teurer sein und weiter in die Ferne gehen müssen. Doch macht uns dieses Getriebensein letztendlich glücklich. Für meinen Teil, kann ich mit „Nein" darauf antworten.

Ich bin bereits glücklich, wenn ich in Stille an einem wundervollen Ort in der Natur sitze und mich treiben lasse, mich von dem „heiligen Ort" berühren lasse. Wie eben in diesem Moment, in denen ich diese Worte schreibe: Es ist gegen 8 Uhr in der Frühe, ich sitze an einem ganz alltäglichen Mittwochmorgen im September (dem Tag des Wotans, aus dem engl. „wednesday") auf einem ganz gewöhnlichen Berg (dem Kahlenberg über Thale). Mein Blick schweift über die kleine Stadt hin zu der großen Bergwand auf dem der Hexentanzplatz liegt, noch in Dunkelheit getaucht das ganze Bodetal. Nur der Rosstrapp weiß schon von der aufgehenden Sonne die zu meiner Linken mein Herz berührt.

Der Wind streift über meine Haut, Vögel zwitschern, noch zirpen hier und da die Grillen ... und den Straßenlärm, den Alltag, dort 50 Meter unter mir, den vergesse ich beim Lächeln und Bewundern dieser Welt! Und so, wie ich hier mein Heil suche und finde, sucht der Ort auch sein Heil und findet ihn vielleicht in mir und erinnert sich vielleicht durch mich an seine Stille und Schönheit. Wenn ich mich in diese Seinsqualitäten dankbar vertiefe, begegnet mir der Ort ebenso freundlich, aufbauend, wertschätzend, wie ich ihm. Dann trage ich dazu bei, aus ihm wieder einen heiligen Platz zu machen, und er hilft mir, mich daran zu erinnern, was Gott mit mir vorhatte.

Diese wahre, ehrliche Begegnung mit Zeit und Raum, die auch schmerzliche Emotionen zulässt, was erst das vollständige Sein im „Hier & Jetzt" meint, macht meiner Meinung nach das ganzheitliche Wunder „Kraft" aus. Allein mein wachsendes Bewusstsein versteht, dass die Trennung zwischen gut und schlecht unnötig ist. Ein kraftvoller Moment entsteht dann, wenn ich Gegebenheiten nicht vermeide, sondern mich ihnen wertungsfrei hingebe. Und wenn ich mich davon tief im Herzen berühren lasse, vermag ich es, aus einem „normalen Ort" und einem „banalen Alltagsmoment", etwas ganz Besonderes zu machen, etwas Heiliges zu zelebrieren. Jeder Atemzug kann ein Hochgenuss sein, wenn wir ihn nur bewusst zu trinken verstehen. Ein einziger Atemzug kann uns mit weit mehr als Sauerstoff beschenken. Er kann uns mit Licht anfüllen, mit Liebe und mit dem Gefühl von Allverbundenheit!

Ein Ort – dem wir von Herz zu Herz begegnen, an den wir uns verschenken und von dem wir beschenkt werden (mit Schönheit, Erhabenheit, Weite oder eben Wachstumsherausforderungen), dem wir uns hingeben und von dem wir letztlich lernen, dass unser Herz schön und weit ist – ist ein Kraftort!

Wenn uns ein Ort das Herz in der Brust eng und schwer werden und den Geist fast ohnmächtig werden lässt, dann erinnert er uns eben im Fehlen (oder im Mangel) der Kraft daran, dass es unsere hohe (vielleicht sogar heilige) Verantwortung ist, uns selbst täglich achtsam zu umsorgen, damit wir heilsam zu handeln verstehen!

Möge es uns also allen gelingen, unser Herz zu einem Kraftplatz zu verwandeln, auf dass wir die Welt um uns herum mit unserem Licht beschenken können – Gassho!

Dein Carsten

Literaturverzeichnis

Brönnle, Stefan: Der Paradiesgarten. Gärten der Kraft planen und gestalten. Neue Erde GmbH, Fulda 2009

Brönnle, Stefan: Die Kraft des Ortes. Neue Erde GmbH, Fulda 2009

Diesing, Walter: Der Himmel auf Erden. Selbstverlag, Wathlingen 2005, 3. Aufl.

Dunde, Siegfried R.: Spirituelles Erleben der Natur. Die Einheit von Mensch und Natur erfahren. ECON, Düsseldorf 1989

Emoto, Masaru: Wasserkristalle. KOHA-Verlag, Burgrain 2008, 2. Aufl.

Graichen, Gisela: Das Kultplatz-Buch. Ein Führer zu Opferplätzen, Heilitümern und Kultstätten in Deutschland. Hoffmann und Campe Verlag, Hamburg 1988

Hänni, Pier: Wege zu Orten der Kraft. Plätze der Erholung, Inspiration und Heilung selbst finden. AT Verlag Baden & München 2008, 2. Aufl.

Kiehne, Carsten: Die bekanntesten Sagen aus dem Ostharz & ihre geheime Bedeutung. BoD, Hamburg 2017

Kiehne, Carsten: Mythen, Sagen & Märchen um und über Thale. Docupoint Verlag, Magdeburg 2014

Kiehne, Carsten: Reiki I – Shoden.

Kiehne, Carsten: Reiki II - Okuden

Luczyn, David: Magisch reisen Deutschland. Wo die Seele Kraft tankt. Wilhelm Goldmann Verlag, München 2001

Merz, Blanche: Orte der Kraft. Stätten höchster kosmo-terrestrischer Energie. AT-Verlag, Aarau in der Schweiz, 2002, 3. Aufl.

Osho: Das Orangene Buch. Innenwelt-Verlag, 2008, 14. Aufl.

Pennick, Nigel: Die heiligen Landschaften der Kelten. Arun-Verlag. Engerda 2007, 2. Aufl.

Rendtorff, Ilse: Orte der Kraft in und um Kiel entdecken. II.Teil – Verein, Quelle des Friedens. Kiel 1998